Ways To A Happy Life

幸せな生き方

高木善之

Yoshiyuki Takagi

『地球村』出版

まえがき

今年は『地球村』の20周年――私には記念すべき年です。

30年前の交通事故で、私はとても大切なこと、「生きる意味」「人生の目的」「自分の使命」に気づきました。

それを実現するにはどうすればいいのかを考えて考えて考え抜いて、『地球村』を設立し、その『地球村』が20周年を迎えたのです。

事故当時33歳だった私も、いまや還暦を過ぎました。

現在の私の願いは、「原点に戻る」と「バトンタッチ」です。

原点とは、「幸せな生き方」を伝えることと「幸せな社会」の実現です。

「幸せな生き方」は難しいことではありません。考え方を切り替えれば、一瞬にして可能なのです。それには「ショックと感動」が必要です。

ショックは「事実を知ること」によってもたらされ、感動は「感動的な生き方を知ること」によってもたらされます。

そして「幸せな社会」の実現は、多くの人が「幸せな生き方」に気づくことによってもたらされるのです。


私はこれまでたくさんの講演会、ワークショップをしてきました。

この本には、私の30年の体験、気づき、知恵がこめられています。

そしていま、この本を通して、より多くの志ある人、熱意ある人、パワーある人に、この思い、この原点をバトンタッチしていきたいと思います。

それは、この本をお読みになっている、他ならぬあなたです。

CONTENTS

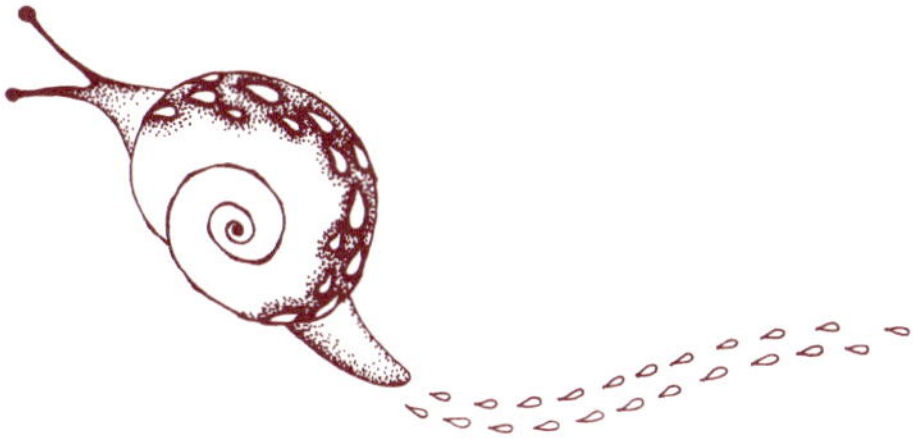

何のために生きるのか

30年前、私は交通事故に遭い、いつ治るという見込みのない入院を体験しました。医師からは「寝たきりになる可能性もある。覚悟しておいた方がいい」と言われました。言葉にできないほどの不安や痛みの中で、それを紛らわせるために、私はいろんな試みをしました。

天井の模様を数えたり、廊下を通る人を数えたり、自分が社会復帰できた時のことを考えたり、自分が寝たきりの人生を送る場合のことを考えたり……。

しかし、すぐに不安と痛みに押し潰されそうになります。

その時、いい方法を思いついたのです。

私は子どものころ、「自分はだれ？　どこから来て、どこに行くの？」と考えてばかりいました。親にも、友だちからも「変な子」と言われていました。でも、その答えはどうしても見つからないまま、いつまでもそんなことを考えていても仕方ないと悟って、考えないようにしました。

　時間がありあまるいま、その封印を解いて、この問題を考えたい、と思うようになりました。子どもの頃よりは経験も考えも深まっているはず。

まず、「私は何のために生まれてきたのだろう」と考えました。
毎日毎日考え続けて、やっと納得できる答を見つけました。

第一は「生きるために」
これは、あらゆる生物の基本的な目的だと気づいたのです。
第二は「幸せになるために」
これは、生きることに余裕ができれば求めたくなるもの、特に自我をもつ人間には当然のことだと気づいたのです。

幸せとは

人はみな、幸せを求めている。
しかし、みんなが幸せな社会を求めているのに戦争が絶えない。
みんなが幸せな家庭を望んでいるのに、その実現は難しい。
みんなが幸せな人間関係を求めているのに、トラブルが絶えない。
人はなぜ幸せになれないのだろう。

みんなが平和を求めているのに、なぜ戦争が起こるのだろう。
それは、平和よりも、国の利益、企業の利益、個人の利益を優先するからだろう。
みんなが美しい自然を求めているのに、なぜ環境破壊が起こるのだろう。
それは、美しい自然より、国の利益、企業の利益、個人の利益を優先するからだろう。

ではなぜ、自然界に生きる動物や、自然の中で暮らす人々は、戦争や環境破壊をしないのだろう。


長く考えて、やっと気づきました。

幸せには、「本当の幸せ」と、「幸せのようなもの」があることに。

「本当の幸せ」とは、平和、美しい自然、安心、協力、調和など、みんなの幸せにつながるもの。

それに対して、「幸せのようなもの」とは、国の利益、企業の利益、個人の利益のように、それを追求することで、みんなを不幸にしてしまうもの。

お金、出世、ぜいたく、支配、征服、独占、所有など。

では、なぜ、そんな変な価値観を持ってしまったのだろう。


そして、ついに、大きな問題に気づいたのです。

不思議な意識

私たちは毎日、ものを作り、ものを売り、ものを消費し、ものを捨てています。食糧、エネルギー、資源のほとんどを輸入しながら、大量消費の生活を続け、毎日1キロのごみを出し、毎日30キロの二酸化炭素を出しているのです。江戸時代の100倍の消費をしているのです。

生きるためなら、それほどの消費は必要ありません。

より豊かに、より快適に、より便利に暮らすためです。

そのためには、もっとお金が必要なのです。

そのためには、もっとものを作り、もっとものを売り、もっとものを消費しないといけないのです。もっと売り上げを上げ、もっとお金がほしいのです。

困ったことに、お金には、「これだけあれば満足、これ以上いらない」という目標がなく、際限なく、いくらでもほしいのです。いつも「もっともっ

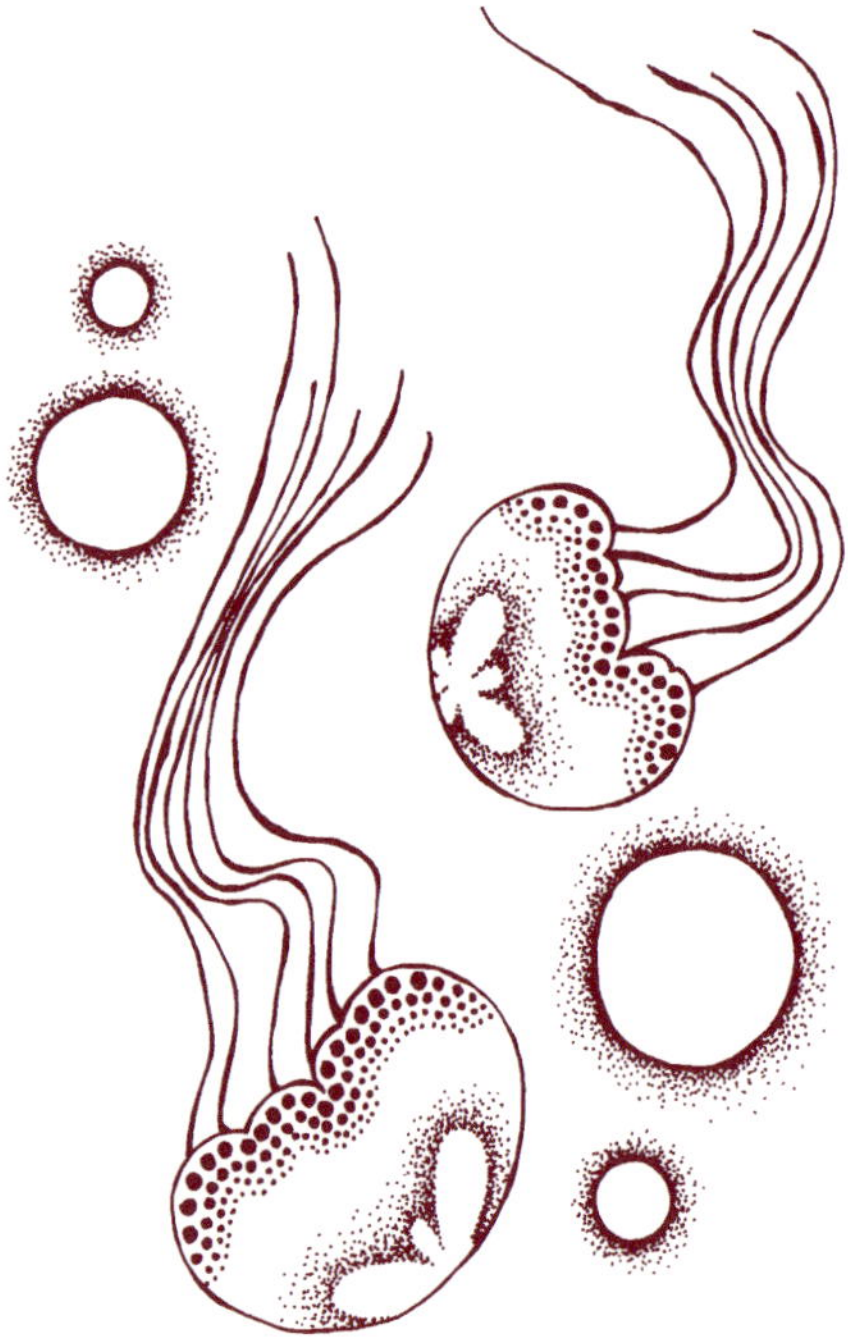

と」ほしいのです。
この「もっともっと」が社会をおかしくしているのです。
自然界には「もっともっと」はありません。
では、この不思議な「もっともっと」はどこから来たのでしょう。

この不思議な意識は、しつけや社会の常識から来ているのです。
そして、しつけや社会の常識は、教育から来ているのです。
私たちは、教育によって、不思議な意識によって行動しているのです。
生きる目的も、生き方も、教育によって大きな影響を受けているのです。
「幸せのようなもの」を求めることも教育の影響です。
争いも、戦争も、環境破壊も、教育の影響なのです。
幸せ、不幸せを決めるのも、この意識なのです。
ではいまから、この自分を不思議な意識から解放しましょう。

カメラは何台ありますか

「古いカメラ、どこにあったかな?」「デジカメなら2台あるよ」ということではありません。そのカメラのことではなく、視点のことです。テレビ局のスタジオでは、ふつう3台のカメラがあり、正面と左右から撮影します。カメラが1台だと変化がなくて単調になったり、死角ができたりするので、1カメ、2カメ、3カメを駆使して撮影します。

このことを参考に、お読みください。

1カメ

これは、「自分の目でどう見えるか」というふつうの視点です。

自分の目では、自分の思い込みが邪魔をして、事実をあるがままに見ることができません。ほとんどの人は、1カメしか持っていないために、思い過ごしや勘違いがあります。

トラブルのほとんどは、１カメが原因です。

２カメ

これは、「相手の目からはどう見えるか、相手の立場ではどう感じるか」という視点です。相手の立場に立って、自分を眺めてみるのです。

すると驚くほど相手の気持ちがわかるようになります。

２カメによって、トラブルのほとんどは避けられます。

３カメ

これは、「第三者にはどう見えるか」という客観的な視点です。

自分を第三者、傍観者のように、距離をとって眺めてみるのです。

すると、つまらないことで争っていることがわかります。

争うほどの問題などは、めったにないのです。

３カメは、全体がよく見えるため、問題が解決できます。

4カメ

これは、「過去から見るカメラ」です。
過去はどうだったか、という視点で、過去の状態を考えてみるのです。
自然界はどうなっているかという視点です。
この視点があると、現状の問題点がよくわかります。

5カメ

これは、「未来から見るカメラ」です。または、未来を覗くカメラです。
このまま進めばどうなるか、未来はどうあるべきか、という視点です。
5カメを意識すると、未来の問題点や最悪の事態を予測することができます。

世の中のトラブルのほとんどは、1カメが原因です。
2カメがあればトラブルは大幅に減ります。
3カメで見ると、全体がもっとよく見えて、問題解決がしやすくなります。

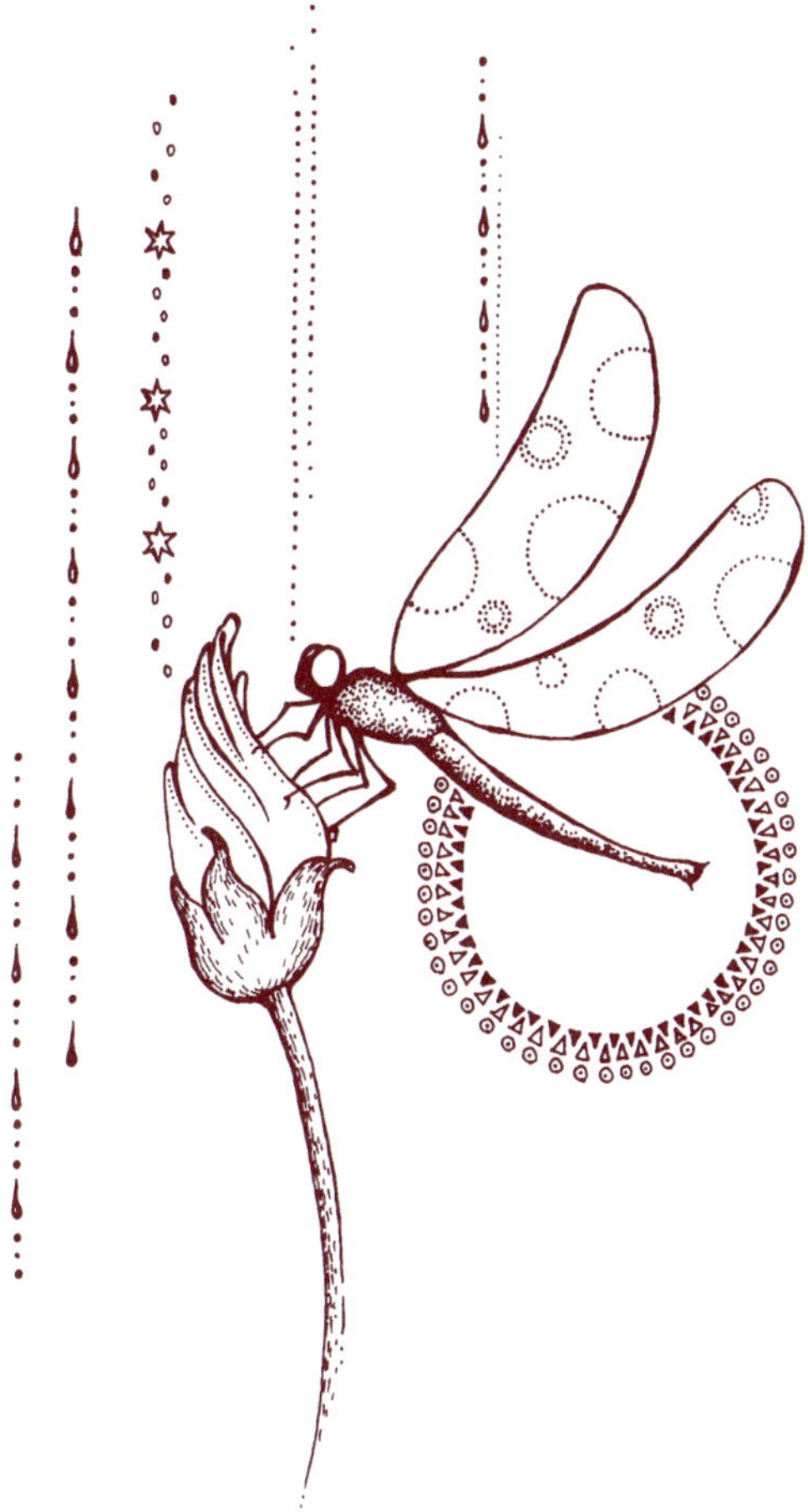

4カメ、5カメは、過去や未来をしっかりと考える視点ですから、政治家や経営者やリーダーなど、多くの人に影響を与える人にとって欠かせない視点です。これらの人には、過去がどうだったか、未来はどうなるのか、という視点がなければなりません。

さあ、あなたに、カメラはいくつありましたか。
1カメは誰でも持っていますし、それが問題の原因です。
1カメは小さくして、2カメ、3カメを意識しましょう。
そして大切な場面には、4カメ、5カメも使いましょう。

受けとめる

たとえ正しくても、耳の痛いことを言われるのはいやですね。

ましてや悪口や身に覚えのないことを言われたら、どうしますか。

顔色を変えて怒ったり、否定したりしますすよね。当たり前ですよね。で、それでどうなりましたか。

相手はさらに強く言い張り、自分もさらに強く否定し、その結果、ますますこじれてしまい、あとになって（もっと冷静に話を聴けばよかったと）後悔をした経験はありませんか。

では、どうすればよかったのでしょう。

突然、警察から電話がきて、「お子様が……」とか、突然、病院から電話がきて、「ご主人が……」とか言われた時、事実は受けとめるしかないのです。

悪口でも身に覚えのないことでも、問題解決のためには、まず受けとめることが必要なのです。いきなり否定することがトラブルの原因なのです。

でも、「身に覚えのないことは認められないし認めてはいけない！」と思う人が多いと思います。もちろんです。事実でないことなど認める必要はありません。

しかし、「認める」ことと「受けとめる」ことは別なのです。

このことが大切なのです。

「受けとめる」は、「あなたはそう思うのですね」と、相手の言葉、相手の気持ちを、「受けとめる」だけであって、決して同意したり、認めたりすることではないのです。

「あなたはそう思うのですね」と言うことは、かんたんなことです。

「受けとめる」ことは、息をするくらいにかんたんなのです。

まず「受けとめる」ことから会話がはじまるのです。

どんなことでも「受けとめる」ことができないと会話にならないのです。

「受けとめる」のは難しいと感じている時は、「受けいれよう」としているのではないでしょうか。

「受けとめる」「受けいれる」は、別のことなのです。

「受けとめる」と「受けいれる」を混同すると、取り返しがつかなくなる場合もあります。

たとえるならば、「受けとめる」は「家の外であいさつする」ことであり、「受けいれる」は「うちの中に招き入れる」ことなのです。

「あいさつ」は、誰とでもした方がいいですが、うちに招き入れるかどうかは、しっかりと判断しなければいけませんね。

いわば、家の外と家の中の距離が、「ふところの深さ」なのです。

ふところの深い人は、どんなことも「受けとめ」ますが、なんでも「受けいれる」ことはしません。「YES」「NO」は、はっきり判断します。

「受けとめる」と「受けいれる」を混同することは、あいさつもせず門前払いしてトラブルを起こしたり、誰でもうちに入れてトラブルを起こすようなものです。
すべて「受けとめる」ことが大切です。
「受けとめる」ことで、ほとんどの問題は解決するのです。

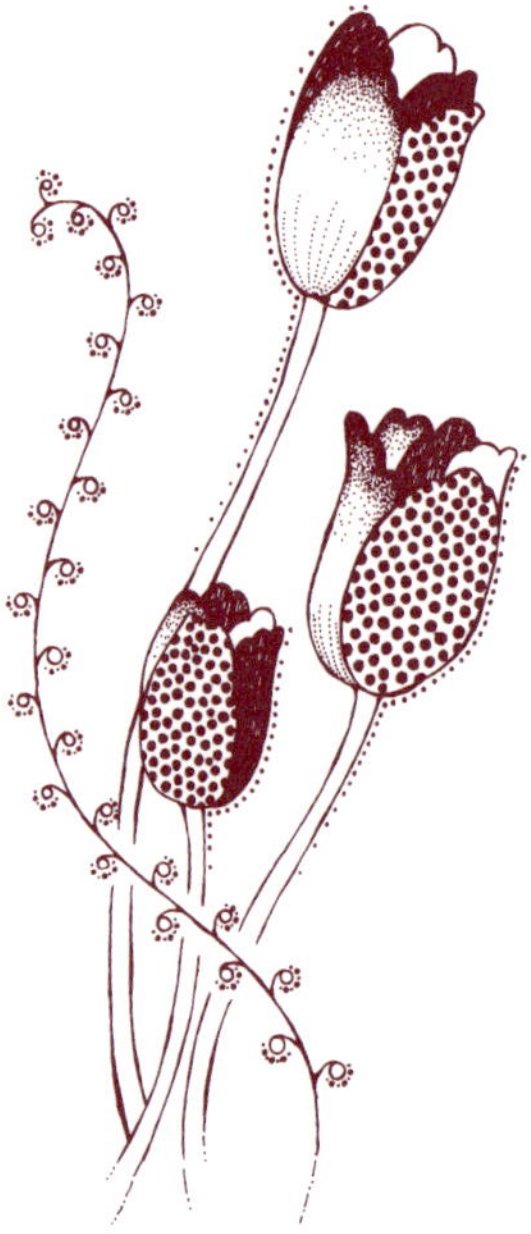

なぜ腹が立つのだろう

あなたは腹が立つことは多い方？　少ない方？
腹が立つと、あとあと気分が悪いし、相手とも気まずいし、いやなものですね。もし腹が立たなくなったり、腹が立つのが大幅に減ったらどんなにいいだろう、と思うあなたに耳寄りなお話を。

ではまず、腹が立つ原因、怒りの原因はなんでしょう。
うそをつかれたから？　足を踏まれたから？　裏切られたから？
約束を破られたから？　だまされたから？　その他もろもろ？
足を踏まれたら痛いのはわかるけれど、どうして腹が立つの？
約束を破られたら残念なのはわかるけれど、どうして腹が立つの？
残念、悲しい、というのはわかるけれど、どうして腹が立つの？
「なぜ腹が立つのだろう」を考えていくと、次のことに気づくでしょう。

思いどおりにならない

腹が立つのは、「思いどおりにならない」からではないでしょうか。

でも、よく考えてみましょう。

自然は思いどおりには？

他人も思いどおりには？

自分も思いどおりには？

すべて思いどおりには？　なりませんね。

では、どうして「思いどおりにならない」と腹が立つのでしょう。

自然は思いどおりにはならないとわかっているから、思いどおりにならなくても腹が立たないのでしょうね。

でも、夫婦は思いどおりになる、親子は思いどおりになる、仲間は思いどおりになると思っているから、思いどおりにならないと腹が立つのではないでしょうか。

夫婦や親子や仲間は、あなたの思いどおりになるのでしょうか。

また、あなたは、誰かの思いどおりになるのでしょうか。

たぶんあなたは「私は誰の思いどおりにもならない」と思っているのではないでしょうか。それと同じように、相手もまた、「私は誰の思いどおりにもならない」と思っているのではないでしょうか。

きっと誰だって、他人の思いどおりにはならないのです。

犬でも、猫でも、ペットでも。

ましてや人間は、あなたの思いどおりにはなりません。

そのように腹をくくった方がいいのです。

そうすれば、簡単に腹が立たなくなります。

自分が正しい

腹が立つこととの、もう一つの原因は、「自分が正しい」と思うからではないでしょうか。けんかやトラブルでは、お互いに「自分が正しい」と言い張っていますし、実際そう信じ込んでいま

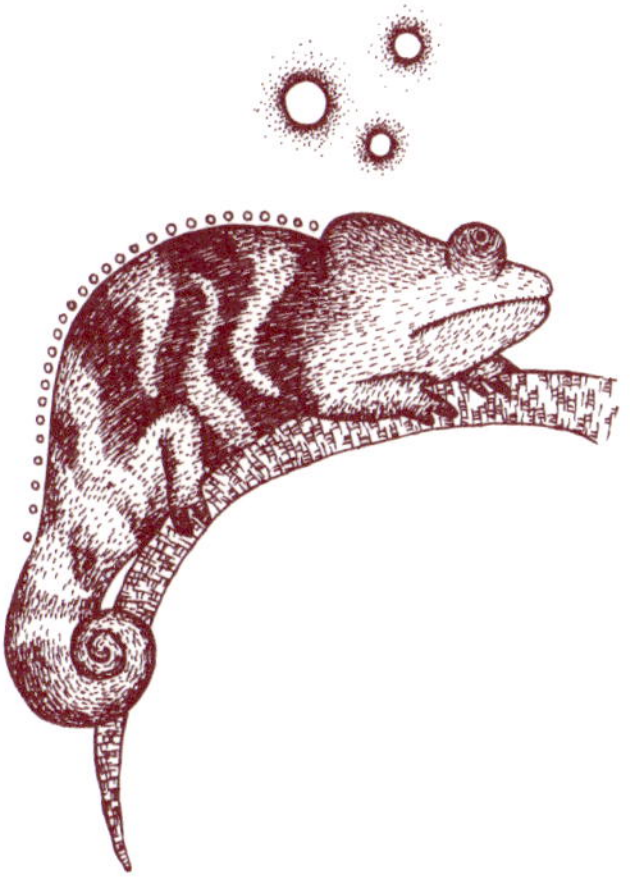

す。

自分が正しいという思い込みが強いほど、争いは激しくなります。

だから、正義感の強い人ほどトラブルが多いのです。

「自分が正しい」という思い込みは危険です。

なぜなら、「正しい、正しくない」は、判断基準（立場、利害、考え方）しだいで、いくらでも変わるのです。

問題が起これば、まずは判断基準について話し合えばいいのです。

その場合は「2カメ、3カメ」や「受けとめる」が大切なのです。

「思いどおりにならない」ということを覚えておきましょう。

なぜ悩むのだろう

あなたは悩みが多い方？　少ない方？

悩むのは自分もつらいし、周りにもよくないから、できれば悩まないようになりたい、と思うあなたに耳寄りなお話を。


ではまず、悩みの原因はなんでしょう。

悩みはいろいろありますが、共通の原因のようなものがあります。

本音と建前が違う

人には本音と建前がありますが、本音と建前が同じならば悩むことはありません。本音と建前が違っている場合に人は悩みます。

本音と建前が大きく違う場合、悩みが大きくなります。

本音と建前が正反対の場合、がんじがらめになり動けなくなります。

そもそも本音とはなんでしょう。建前とはなんでしょう。

本音とは、自分の本当の気持ちです。

建前とは、他から求められることであって、自分の本当の気持ちではないものです。

たとえるならば、本音は心、建前は頭ではないでしょうか。

本音と建前、どちらが大切でしょうか。

心と頭、どちらが大切でしょうか。

本音を選んで成功すればうれしいし、失敗しても納得できるでしょう。

ところが、建前を選んで成功してもすっきりしないし、失敗したなら最悪ですね。

本音を大切にして生きる方が楽ですね。

モノサシをはずそう

社長が社員に訓示をしている時、

「あ～あ、またお説教か……同じ話ばっかり……つまらない……早く終わればいいのに……」と思う人たち（A）と、

「ああ、いい助言をもらったなあ。ありがたいなあ。ぜひ、やってみよう」と思う人たち（B）がいたとします。

社長の話が、Aには説教、Bには助言だったのです。

この場合、社長の話は説教か助言か、どちらだったのでしょう。

社長の話は、説教でもないし助言でもなく訓示だったのです。

でも聞く人の気持ちしだいで、説教にも助言にもなるのです。

聞く人の気持ちというのは判断基準、つまりモノサシです。

モノサシとは、「役に立つ、役に立たない」「ありがたい、つまらない」を

判断する基準ですが、人によって違うし、気分によって変わります。

モノサシは、いいかげんなもので当てになりません。

誰の話でも、「説教」と思えばつまらないし役に立ちませんが、「助言」と思えば面白いし、自分にもプラスです。

誰の話でも、「説教」と感じたら要注意。気持ちを切り替えましょう。

「説教、助言」「おせっかい、親切」「生意気、頼もしい」「無鉄砲、勇敢」「臆病、慎重」なども、モノサシしだいで変わります。

モノサシに振り回されず、モノサシを振り回さず、人を裁かず、人に裁かれず、おおらかに生きていきましょう。

自然とは

「いいライオン、悪いライオン」っているでしょうか。
「きれいな花、きれいでない花」ってあるでしょうか。
自然界には、「いい、悪い」「きれい、きれいでない」などのモノサシはありませんが、自然には調和やバランスがあります。

自然界は無数の生命が、ばらばらで無秩序で勝手気ままに生きているように見えますが、実に複雑に関わりを持ち、つながりを持ち、支え合い、助け合っているのです。その仕組みは驚異的で、科学的にもまだ十分には解明できていません。

モノサシのない自然界が、これほどうまくいっているのに対して、私たちの社会は、無数のモノサシ（法律、常識、モラル、マナー、習慣など）を作りましたが、多くの問題を抱えています。

私たちの社会は、不自然なモノサシを作りすぎたのでしょうね。

かえってそのことで、多くの矛盾や問題が起こり、個人も社会全体もおかしくなっています。


不自由や不自然を感じた時、それはモノサシに縛られているからです。

「きれい、きれいでない」で悩んだり、「背が高い、低い」で悩んだりするのもモノサシに縛られているのです。

そんな時は、あらためてモノサシを見直しましょう。

不自然なモノサシに縛られない、自由な生き方を考えましょう。


それには、自然から学ぶことが一番です。

私は苦しくなったり行きづまった時は、自然の中を歩きます。

それをサイレント・ウォークと呼んでいます。

毎回素晴らしい発見をして、元気を取り戻すことができます。

ベースは愛

人がなにかをする時の動機にはいろいろあります。

怒り、憤り、正義感、使命感……。

その中で、もっともうまくいかないのは、「怒り」と「正義感」です。

「怒り」や「正義感」には、必ず戦う相手があり、それが抵抗勢力になり力と力がぶつかって、自分のエネルギーが相殺されてしまうからです。

戦いは、勝ったとしてもダメージを受けますし、負ければ自分が破壊されるわけですから、戦いは最悪です。


戦いを避けるためには、戦いをしかけないことです。

しかしそれは、我慢したり、あきらめたりすることではありません。

伝えたいことは伝えないと前に進みませんし、問題も解決しません。

大切なのは、伝える時の心の状態なのです。

心の中に怒りや正義感があれば、言い方や伝え方をどう工夫しても、怒りや正義感が伝わり、抵抗勢力を生み、戦いがはじまるのです。

心の中に、「けしからん」「許せない」「わからせてやる」「やっつけてやる」というネガティブな感情があるなら、うまくいきません。

気持ちを切り替えるのです。

ネガティブな感情を、「解決したい」「わかってもらいたい」「仲良くなりたい」「相手もハッピー」「みんなも安全」「みんなも幸せ」というポジティブな感情に切り替えるのです。

ポジティブな感情、明るいイメージは、相手にも伝わり、仲間が増えます。

みんな、夢や希望、明るい未来を求めているのです。

大切なのは「愛」です。すべて「愛」をベースにすることです。

本当の幸せ

ここまでお話ししてきたことをまとめてみます。
①あるがままの自分を認めること
②あるがままの現実を受けとめること
③みんなの幸せを願うこと
④笑顔、やさしい言葉、やさしい気持ち、やさしい行動

このことで、幸せになれるのです。
あなたが幸せになると、あなたの周りの人たちも、幸せになれるのです。
その幸せは、次々と広がっていくのです。
誰でも幸せになれるのです。
なぜなら、みんな幸せになりたいから。
あなたが幸せになれば、あなたの周りに幸せが広がるのです。

自分だけの幸せを求めると、幸せになれないのです。
自分だけの幸せは、幸せのようなもの。
幸せのようなものを求めるから、幸せになれないのです。
みんなの幸せを求めれば、みんな幸せになれるのです。
みんなの幸せこそ、本当の幸せなのです。
幸せはかんたんなのです。

あなたが笑顔になれば、
あなたがやさしい気持ちになれば、
あなたがやさしい言葉を話せば、
あなたがやさしく行動すれば、周りに幸せが広がるのです。
幸せはかんたんなのです。

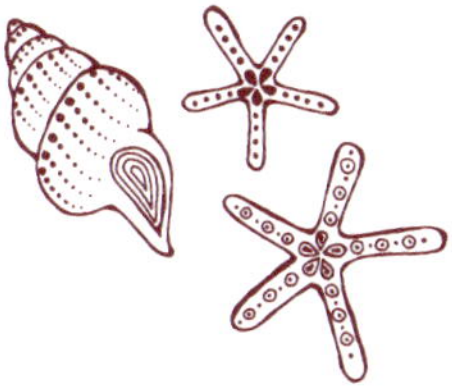

君へ

（これは、親友N君との別れの直後に書いたものです。もう十年以上たちますが、私自身、今後の生き方について、覚悟と決意の確認となりました）


君とは小学一年生からずっと仲良し。

特に中学、高校は同じコーラス部、大学は別だったがともに音楽に熱中。ともに悩み、ともに励まし合った無二の親友だった。

その君が入院。すでにスキルス性がん。胃がん、肺がん、肝臓がん、じん臓がん、リンパがんなどで手のほどこしようがない状態だった。

面会で少しだけ話ができた。

別れるとき手を握り合って無言で見つめ合った。宮沢賢治が療養中に書いた詩「眼にて云う」がふと思い出された。

「君から見れば僕はひどい状態だろうね。でも僕はすがすがしいのだよ。

これで最後だろうね、会えてうれしかったよ。ありがとう。さよなら」

君は夜中、眠ったまま死去。自宅に移送。納棺。お通夜。

別れのとき、しぼんでしまった君の冷たい顔をなでながら話しかけた。

「君はやさしかったなあ。青春を分かち合ったなあ。あれこそ青春だった。まさか君が先に逝くとは……。ありがとう、ご苦労さま、さよなら……。いつかまた会えるね……」

僕は泣いた。

寝ているのとは違って表情がない。時間が止まり、すべてがストップしたのだ。

君はかすかに歯を食いしばっていた。そうか、苦しかったのか、無念だったのか。でも大丈夫、心配いらないよ。安心してくれ。

僕は君の冷たい顔をなでた。冷たいけれどやわらかな皮膚をさすった。口もとを手で温めた。唇を手で温めながらなで続けると歯が見えなくなった。安心したんだね。

胸の中で重いものを感じる。死を身近に感じたのだ。
あらためて「自分もいつか必ず死ぬんだ」ということを実感した。
いつ死ぬかわからない。だからこそ、今を精いっぱい生きるんだ。

幸せに生きること、それが一番大切なんだ！　自分の幸せはみんなの幸せの中にある。自分の幸せはみんなの幸せ！　みんなを幸せにすることこそ自分の幸せ！

みんなの幸せにつながる生き方こそ本当の幸せ！
自分が周りを幸せにすること、それこそが幸せな生き方なんだ！
見ていてくれよ、僕はいのちある限り、これをやり続けるから！

あとがき

読んでいただいてありがとう。
いま、どんなお気持ちですか。
もしも、気持ちが楽になり、やってみようと思われたならうれしいです。
チャレンジは難しいと思えば難しいし、かんたんと思えばかんたんです。
「難しい」から「かんたん」へスイッチを切り替えればいいのです。

大切なものを見失いかけた時、この本を読んでください。
そして、思い出してください。
幸せ、不幸せは、自分がつくっているのだということを。

誰でも、気持ちを切り替え、スイッチを切り替えることで、一瞬にして幸せになれるのです。このことは、すごいことではないでしょうか。

そのキーワードは、「愛」と「受けとめる」ことです。

とてもかんたんなのです。


あなたが幸せになることが、みんなの幸せの第一歩です。

あなたがみんなの幸せを願うことが、あなたの幸せの第一歩です。

二〇一一年三月一日　自宅書斎にて

高木　善之

PROFILE

高木《たかぎ》 善之《よしゆき》

環境と平和のNPO法人ネットワーク『地球村』代表。

「美しい地球を子どもたちに」と呼びかけ、地球環境問題と生き方について、さまざまな提案をし全国で講演。

グリーンコンシューマのための情報発信、途上国の飢餓貧困、災害支援、植林支援などを行っている。

1947年大阪府生まれ。大阪大学卒業後、松下電器産業㈱（現パナソニック㈱）在職28年。パナソニック合唱団を設立、オーケストラ指揮者としても活躍する。

主な著書
「選択可能な未来」「オーケストラ指揮法」「非対立の生き方」「本当の自分」「ありがとうシリーズ」ほか多数。
高木善之公式サイト http://www.takagiyoshiyuki.com
地球村公式サイト http://www.chikyumura.org

幸せな生き方

2011年　4月27日　初版第1刷発行

著　者　高木善之

発行人　高木善之

発行所　NPO法人ネットワーク『地球村』

〒530-0027

大阪市北区堂山町1-5　大阪合同ビル301

TEL 06-6311-0326　FAX 06-6311-0321

挿　画　とくひらようこ

装　幀　島村　学

印刷・製本　株式会社リーブル

落丁・乱丁本は、小社出版部宛にお送り下さい。お取り替えいたします。
定価はカバーに記載されております。

ISBN978-4-902306-29-3 C0095